MILO MANARA

DUE VIAGGI CON FEDERICO FELLINI

VIAGGIO A TULUM
IL VIAGGIO DI G. MASTORNA DETTO FERNET

a cura di Vincenzo Mollica

OSCAR MONDADORI

© 2001 Arnoldo Mondadori Editore S.p.A., Milano

I edizione Bestsellers Oscar Mondadori novembre 2001

ISBN 88-04-50001-8

Questo volume è stato stampato
per conto della Mondadori Printing S.p.A.
presso Milanostampa - Rocca San Casciano (Fo)
Stampato in Italia - Printed in Italy

www.mondadori.com/libri

«Nulla si sa, tutto s'immagina»

Tra Federico Fellini e Milo Manara c'era amicizia e stima sincera. Mi ricordo ancora la telefonata dal Maestro di Rimini dopo aver letto *Tutto ricominciò con un'estate indiana*: era profondamente ammirato dal modo di disegnare di Manara, che aveva trovato – secondo lui – il giusto punto d'incontro tra realismo e favola.

Tutto cominciò nel 1982, quando Milo Manara disegnò, per una mostra che avevo organizzato a Roma, una storia in omaggio a Federico Fellini intitolata *Senza titolo*. Era un viaggio onirico nel mondo felliniano che divertì molto il Maestro e questo fece la gioia del Discepolo, perché il loro rapporto artistico fu soprattutto di questo tipo.

Nel 1986 Manara dedicò un altro omaggio a Fellini, questa volta con un risvolto di solidarietà per la battaglia che il Maestro stava conducendo contro le interruzioni pubblicitarie dei film in televisione: una battaglia nella quale si impegnò a fondo da vero combattente. Nel 1987 cominciò la loro collaborazione, che ebbe come risultato i due manifesti che Manara disegnò per *Intervista* e *La voce della luna*, ma soprattutto due storie a fumetti: *Viaggio a Tulum* e *Il viaggio di G. Mastorna detto Fernet*; per entrambe vale lo stesso sottotitolo: "Da un soggetto di Federico Fellini per un film da fare", dicitura voluta dal Maestro per sottolineare che queste storie erano state pensate per il cinema e poi si sono materializzate a fumetti. Ho avuto la fortuna di essere testimone e messaggero di questi due viaggi fumettistici, nel senso che trasmettevo a Manara le immaginazioni e gli schizzi del Maestro che il Discepolo trasformava, con scrupolo e passione, in fumetti. Ma soprattutto ho avuto la fortuna di diventare, per volontà di Fellini, un personaggio di *Viaggio a Tulum*, per essere più precisi la spalla di Marcello Mastroianni nei panni di Vincenzone. Da quando uscì nel 1989 sulla rivista «Corto Maltese», *Viaggio a Tulum* ebbe un grande successo in tutto il mondo: dal Giappone all'America, dalla Francia alla Germania. Fellini era entusiasta di questa ritrovata espressione fumettistica che aveva segnato l'inizio della sua carriera sulle pagine del «Marc'Aurelio», ma era soprattutto felice della collaborazione con Manara perché attraverso il suo segno, che definiva elegante, poteva dar sfogo a tutte le sue immaginazioni. Su questa scia Fellini decise di trasformare in fumetto il film non fatto più famoso della storia del cinema, mille volte annunciato e mai realizzato: *Il viaggio di G. Mastorna detto Fernet*, che venne pubblicato nel 1992 dalla rivista «Il Grifo». Fellini e Manara ci misero sei mesi prima di trovare lo stile che avrebbe caratterizzato la storia, perché il Maestro voleva un bianco e nero inquietante e il Discepolo lo accontentò utilizzando la tecnica dell'acquatinta con delle velature di colore che cambiavano a seconda delle situazioni narrate. Questa volta, prima di passare alla stesura della storia, sia Fellini che Manara disegnarono uno storyboard che documentiamo in questo volume per far capire meglio come lavoravano.

Manara una volta ha scritto: «Fra tutti i cineasti, Fellini è il solo che usi la cinepresa semplicemente per quello che è: il terzo occhio, l'occhio dell'illuminazione». Leggendo questo libro, che per la prima volta raccoglie le quattro avventure felliniane disegnate da Manara, capirete perché Fellini ha usato il fumetto esattamente come usava la cinepresa, all'insegna di un suo pensiero che recita: «Nulla si sa, tutto s'immagina».

Vincenzo Mollica

LA CONOSCETE QUELLA LEGGENDA CHE DICE CHE IN OGNI LUCCIOLA ABITA LO SPIRITO DI CHI NON VUOLE ANCORA NASCERE...	SE IO FOSSI LÌ DENTRO E TRA LE TUE MANI NON ESITEREI UN ATTIMO A VENIRE AL MONDO...

CIQUITO, QUANTO TEMPO PER USCIRE DALLA GIUNGLA?

VI CONSIGLIEREI DI SEGUIRMI.

ANCH'IO VADO ALLA BABEL TOWER.

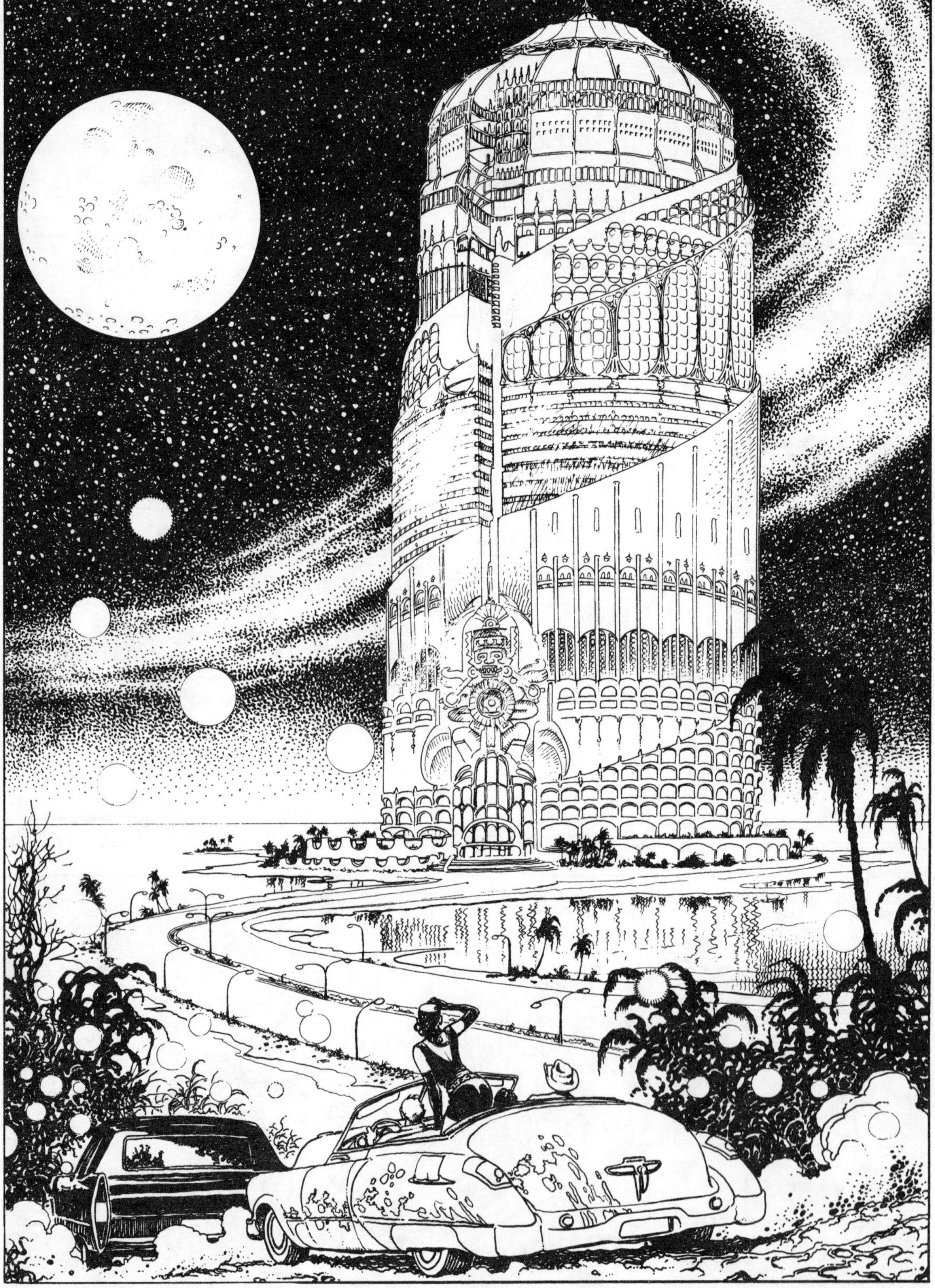

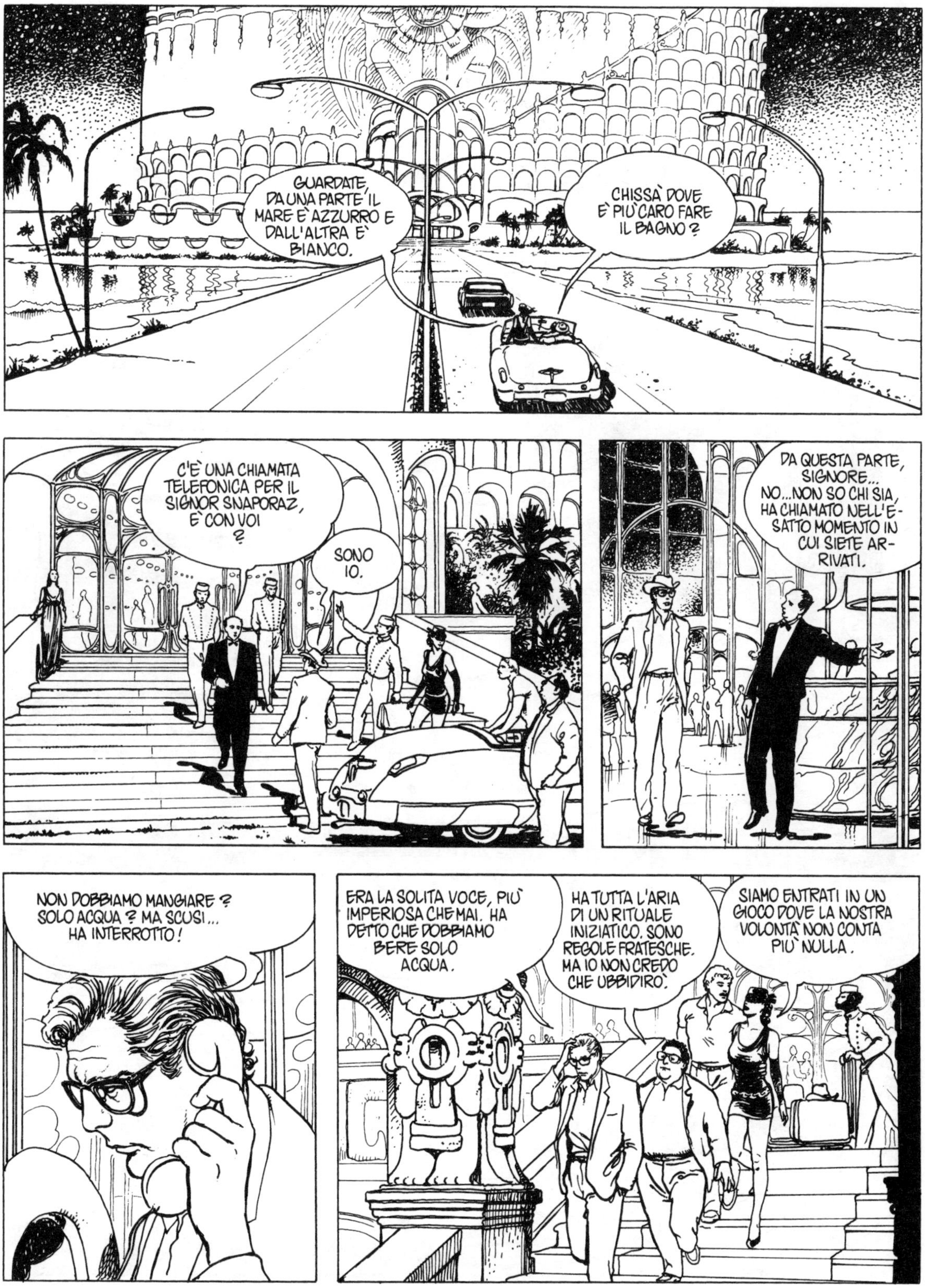
GUARDATE, DA UNA PARTE IL MARE È AZZURRO E DALL'ALTRA È BIANCO.
CHISSÀ DOVE È PIÙ CARO FARE IL BAGNO?
C'È UNA CHIAMATA TELEFONICA PER IL SIGNOR SNAPORAZ, È CON VOI?
SONO IO.
DA QUESTA PARTE, SIGNORE... NO... NON SO CHI SIA, HA CHIAMATO NELL'ESATTO MOMENTO IN CUI SIETE ARRIVATI.
NON DOBBIAMO MANGIARE? SOLO ACQUA? MA SCUSI... HA INTERROTTO!
ERA LA SOLITA VOCE, PIÙ IMPERIOSA CHE MAI. HA DETTO CHE DOBBIAMO BERE SOLO ACQUA.
HA TUTTA L'ARIA DI UN RITUALE INIZIATICO. SONO REGOLE FRATESCHE. MA IO NON CREDO CHE UBBIDIRÒ.
SIAMO ENTRATI IN UN GIOCO DOVE LA NOSTRA VOLONTÀ NON CONTA PIÙ NULLA.

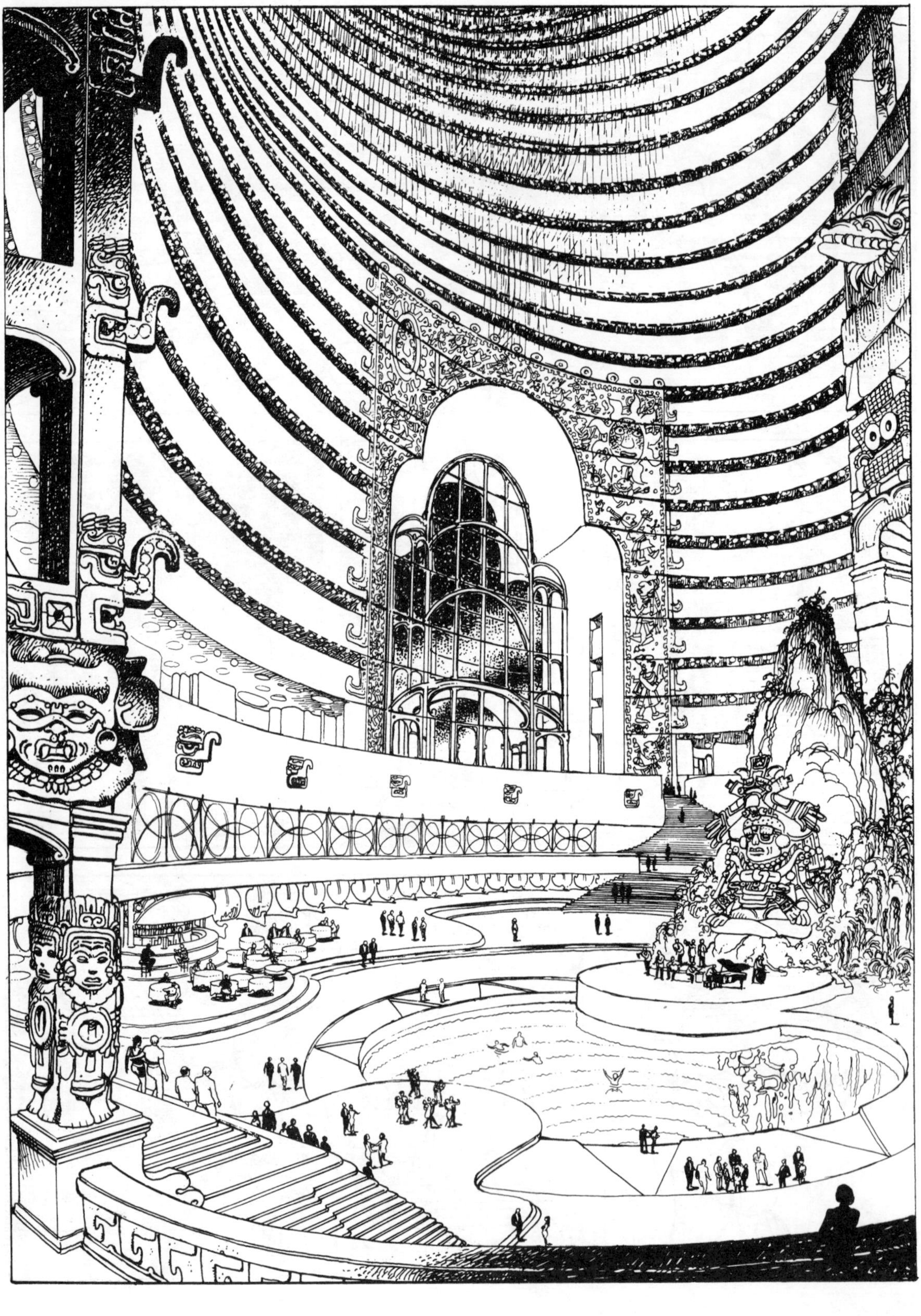

PERMETTETE...
SONO MESI CHE HO UN MESSAGGIO DA CONSEGNARE A UNO DI VOI.
ECCO... TENGA, E' PER LEI.
MA COME E' POSSIBILE CHE LEI CI ASPETTASSE, SE NOI STESSI FINO A DUE GIORNI FA NON SAPEVAMO NULLA DI QUESTO VIAGGIO...
C'E' UN PEZZETTO DI STOFFA APPUNTATO AL BIGLIETTO...
E' COME LA STOFFA DEL TUO CAPPELLO.
NON PUO' ESSERE: HA DETTO DI AVERLO RICEVUTO MESI FA...
E' LA VERITA', SIGNORE... E NEL BIGLIETTO MI VENIVA ANNUNCIATA LA SUA VISITA. SONO UNO STUDIOSO DELLA CIVILTA' TOLTECA. FORSE POSSO ESSERVI UTILE...
BIGLIETTI, TELEFONATE AMMONITRICI ...CONTRATTEMPI DI OGNI GENERE.

POI NIENTE CIBO, SOLO ACQUA... POI LO STUDIOSO COL PEZZETTO DI STOFFA...

E' TROPPO. VOGLIO SINCERARMENE SUBITO. DOV'È LA MIA STANZA, QUESTE PORTE SONO TUTTE UGUALI...

E' QUELLA LA SUA STANZA.

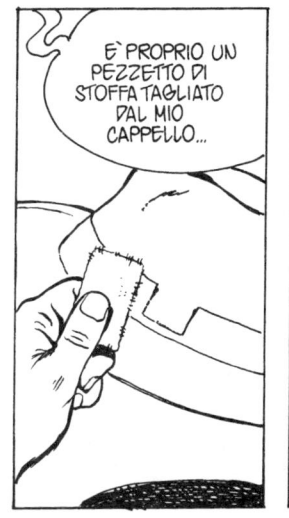

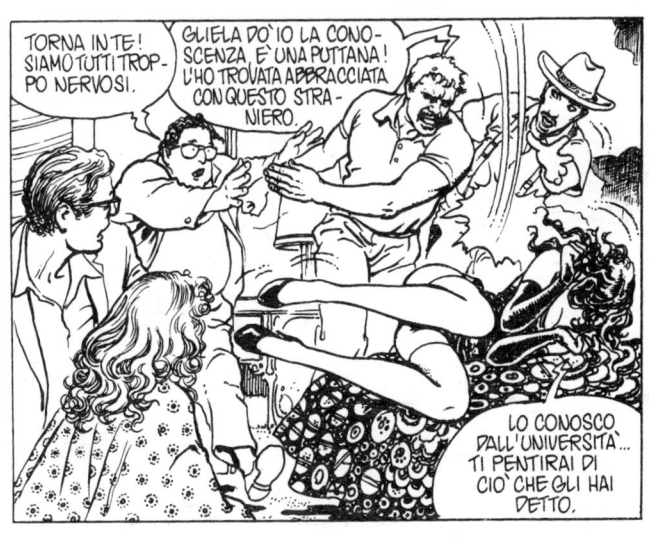

È VERO...

È PROPRIO UN PEZZETTO DI STOFFA TAGLIATO DAL MIO CAPPELLO...

BASTA! NON NE POSSO PIÙ DI QUESTA STORIA!

SONO STUFO DI TUTTI QUESTI MISTERI.

STIAMO VIVENDO UN'ESPERIENZA STRAORDINARIA CHE CI PORTERÀ ALLA CONOSCENZA E TU INVECE...

TORNA IN TE! SIAMO TUTTI TROPPO NERVOSI.

GLIELA DO' IO LA CONOSCENZA, È UNA PUTTANA! L'HO TROVATA ABBRACCIATA CON QUESTO STRANIERO.

LO CONOSCO DALL'UNIVERSITÀ... TI PENTIRAI DI CIÒ CHE GLI HAI DETTO.

PER ME IL FILM FINISCE QUI. TORNIAMO INDIETRO E SUBITO.

FORSE LEI HA RAGIONE È PIÙ SAGGIO DEGLI ALTRI.

— PARTIAMO COL PRIMO AEREO.

— MA SI PUÒ SAPERE COSA SUCCEDE?

— IL FATTO È CHE SUL MESSAGGIO, CHE LEI NON HA ANCORA LETTO, C'È SCRITTO CHE SYBIL DEVE... CONGIUNGERSI CON TUTTI NOI.

— VI METTONO ALLA PROVA E QUEI DUE, COME AVETE VISTO SONO STATI ALLONTANATI. DAVVERO VOI VOLETE ANCORA PROSEGUIRE?

— SALUTIAMO IL SOLE BAGNANDOCI INSIEME.

47

È L'AURORA, RICONOSCIAMOCI NEI SUOI COLORI TENENDOCI PER MANO.
ECCO, È NATO UN NUCLEO DI ENERGIA INVINCIBILE, NESSUNO POTRÀ NUOCERCI SE RESTIAMO UNITI.
HELEN! ATTENTI! GUARDATE SUL FONDO!

AIUTO! MI HA MORSO. NON CI VEDO PIÙ!
TORNATE A RIVA, PAZZI! CI SONO PESCI VELENOSI!
HELEN, NON RESTARE QUI CORRI ALLA SPIAGGIA. VINCENZO, AIUTAMI!
NON C'È UN ATTIMO DA PERDERE! AVETE VISTO IL PESCE CHE LO HA MORSO?
SDRAIATELO! IL VELENO DI QUEL PESCE RAGGIUNGE IL CUORE IN POCHI SECONDI.

FATE SUBITO QUELLO CHE VI ORDINO: LA TESTA VERSO IL MARE! DEVO TENTARE DI CANCELLARE LA REALTÀ DI QUANTO È ACCADUTO. "SPOSTARE LA SUA ATTENZIONE", SE È ANCORA POSSIBILE...
MA VOI CAPITE QUELLO CHE STA DICENDO?
TUTTI DOVETE AIUTARMI, TRANNE VOI SIGNORA. ALLONTANATEVI!
LE BRACCIA IN ALTO! IMMAGINATE CHE SIANO ALI. DEVO VINCERE LA FORZA DELLA TERRA...
MA NON FAREBBE MEGLIO A CHIAMARE UN'AMBULANZA!

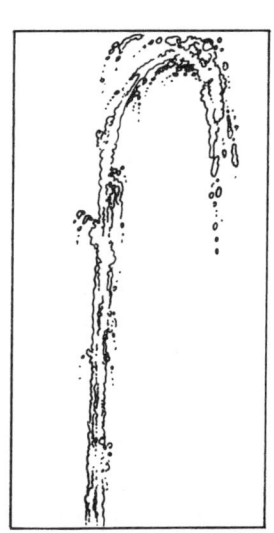

SIETE STATI BRAVISSIMI. CI SIAMO RIUSCITI. NON È MORTO. AH, AH, AH...

Panel 1: TI SEI DIVERTITO ABBASTANZA? UN SEMPLICE CARTELLO CON SCRITTO "VIETATO BAGNARSI" TI AVREBBE RISPARMIATO QUESTO NUMERO. GRAZIE, COMUNQUE.

Panel 2: TEMO CHE IL NOSTRO VIAGGIO SARÀ DISSEMINATO DI "AGGUATI" PER PROVARE LA NOSTRA "IMPECCABILITÀ DI GUERRIERI".

LINGUAGGIO AFFASCINANTE, MA MOLTO OSCURO, CARO PROFESSORE. MA IL CAMERIERE È SPARITO?

Panel 3: SEMPRE PIÙ MI CONVINCO CHE FELLINI IGNORI IL SENSO DI QUESTA AVVENTURA CHE MI OBBLIGA A VIVERE AL SUO POSTO.

Panel 4: MI SPIACE DI AVERVI MESSO IN UNA SITUAZIONE COSÌ PERICOLOSA.

Panel 5: EMILIANO, IL CAMERIERE DICE CHE IL DIRETTORE CI ASPETTA LASSÙ NELL'APPARTAMENTO RISERVATO AL PRESIDENTE. DEVE MOSTRARVI QUALCOSA CHE PUÒ ESSERVI DI GRANDE AIUTO.

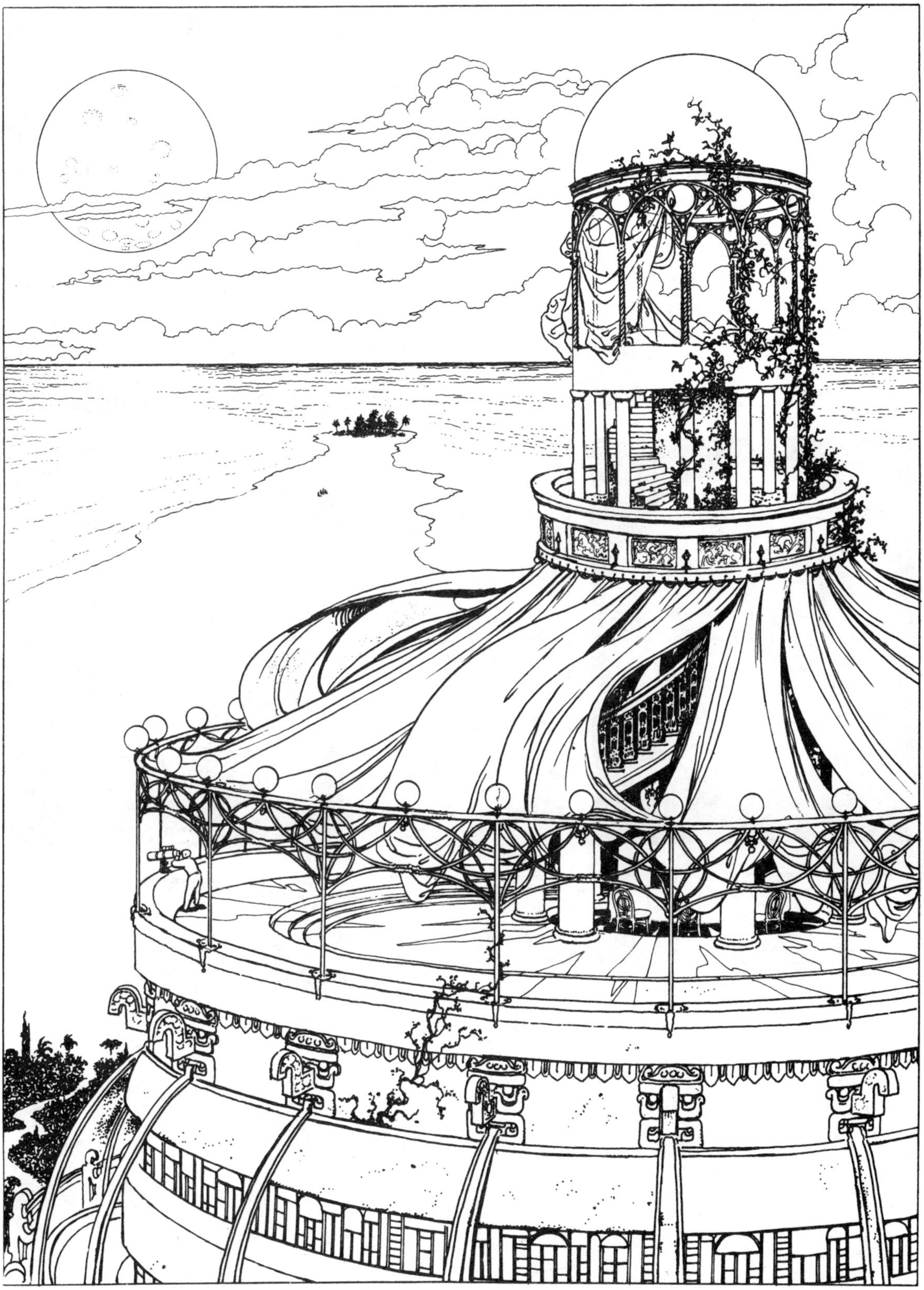

SONO MAX, IL PRONIPOTE DEL GRAN-
DE ARCHITETTO. E' STATO TUTTO CREA-
TO DA LUI, COMPRESO UN BUFFO
CANNOCCHIALE DOTATO DI LENTI CHE
HANNO SEMPRE VOGLIA DI SCHER-
ZARE. VI PREGO, ACCO-
MODATEVI.

POCO FA, GUARDANDOVI ATTRAVERSO IL CANNOCCHIALE MENTRE SALIVATE DALLA SPIAGGIA, HO VISTO COME SARETE FRA TRENT'ANNI. MI CONGRATULO, SARETE TUTTI VIVI. CHISSÀ SE QUEL FALCO È DELLO STESSO AVVISO. È VOSTRO?

FORSE NO, PERÒ HA L'ARIA DI CONOSCERE BENE I NOSTRI OSPITI, AI QUALI DO UMILMENTE ANCHE IL MIO BENVENUTO.

MA LEI, CARA SIGNORA, È PROPRIO CONVINTA DI PASSARE INOSSERVATA? IL SUO FAMOSO INTUITO NON LE SUGGERISCE CHE STA RISCHIANDO TROPPO?

— COME SI FA A CAPIRE CHE È UN FALCO FEMMINA?

— LA PUPILLA COLOR RUBINO È LA CARATTERISTICA CHE RIVELA IL SESSO. DI NOTTE CAMBIA COLORE. O SONO UN PO' TROPPO PETTEGOLO, TEMERARIA AMICA?

— NEL GIORNO DELLA FESTA DEI FALCHI, MIA MADRE PER DIVERTIRE ME E I MIEI VENTISEI FRATELLINI SI TRASFORMAVA IN UN FALCO.

— HERNANDEZ POTREBBE RACCONTARE STORIE PER GIORNI E NOTTI. È QUESTO UNO DEI MOTIVI PER CUI HO DECISO DI LICENZIARLO. OGGI È L'ULTIMO GIORNO CHE PRESTA SERVIZIO NEL MIO ALBERGO.

— TI SONO MOLTO GRATO, HERNANDEZ, PER TUTTO QUELLO CHE HAI FATTO DA QUANDO I MIEI NONNI HANNO LASCIATO A ME LA GESTIONE DELLA BABEL TOWER. PERÒ NON DEVI SPAVENTARE QUESTI ILLUSTRI OSPITI CHE SONO GIÀ MOLTO PROVATI DA TUTTO CIÒ CHE STA LORO ACCADENDO E CHE, DOBBIAMO AMMETTERLO, NON È MOLTO CONSUETO.

— PERCHÉ LE PIRAMIDI AZTECHE, AL CONTRARIO DI QUELLE EGIZIANE, HANNO DELLE SCALE CHE DALLA BASE PORTANO FINO ALLA SOMMITÀ?

— PER I POPOLI DI QUELL'ANTICHISSIMA CIVILTÀ...

— ERA IL SIMBOLO DELL'UNIONE TRA LA TERRA E IL CIELO AL QUALE TUTTI TENDEVANO E DOVE TUTTI ERANO ACCOLTI. ECCO PERCHÉ LA PIRAMIDE AZTECA HA LA SCALA.

ECCO DA DOVE PROVENGONO QUEGLI SCHIOCCHI, QUELL'ECO DI APPLAUSI.

È IL VENTO CHE VI STA PARLANDO E, COME ME, AUGURA BUONA FORTUNA AL VOSTRO NUCLEO.

GRAZIE, HERNANDEZ, IMMAGINO CHE VI DISPIACERÀ LASCIARE QUESTO POSTO DOVE AVETE VISSUTO TANTO TEMPO. VI SOSTITUIRÀ EMILIANO?

QUEL BURLONE DI EMILIANO AVREBBE RISPOSTO CHE: "UNA PARTE DI HERNANDEZ RIMARRÀ PER SEMPRE NELLA BABEL TOWER, COSÌ COME UNA PARTE DELLA BABEL TOWER SE NE ANDRÀ PER SEMPRE CON HERNANDEZ".

EMILIANO È UN APPRENDISTA STREGONE CHE VUOLE ANCHE DIVERTIRSI. VI HA FATTO VEDERE IL GIOCHETTO DELLA FONTANA? FORMIDABILE, VERO? IL GUAIO CON LUI È CHE NON PUÒ FARE A MENO DI SCHERZARE. SI DIVERTIVA A DARE AI CLIENTI L'IMPRESSIONE CHE STAVANO CAMMINANDO SUL SOFFITTO...

MA COM'È POSSIBILE?

APPUNTO, NON SOLO È IMPOSSIBILE, MA SOPRATTUTTO È IRRIGUARDOSO!

MAMMA, AIUT...

ANCHE SE FOSSE TUTTO UN SOGNO, MI SEMBRA EGUALMENTE ESAGERATO! RAGAZZI, MA COSA STA SUCCEDENDO?
HO PREPARATO LA CENA SUL TERRAZZO...
E, SE LA MUSICA NON VI DISTURBA, HO INVITATO CINQUE DEI MIEI NIPOTINI A RALLEGRARE LA SERATA.

CHI?... FELLINI?! ME LO PASSI... FEDERÍ, PROPRIO IN QUESTO MOMENTO TI VIENE IN MENTE DI CHIAMARMI...

driiiin driiiin

Panel 1: MA COME, NON TI FAI VIVO PER ANNI... E SÌ, PERCHÉ MI SEMBRANO ANNI CHE VIVO AL POSTO TUO DENTRO UNA STORIA CHE PIÙ BISLACCA DI COSÌ...

Panel 2: SONO D'ACCORDO CON TE, CARO SNAPORAZ. PIÙ CHE BISLACCA...

Panel 3: ...INCOMPRENSIBILE. È STATO QUESTO IL MOTIVO PER CUI NON HO FATTO IL FILM. L'HO ABBANDONATO.

Panel 4: COSÌ COME TU ADESSO DEVI ABBANDONARE QUELLO CHE HAI IN MENTE.

MA PERCHÈ?

Panel 5: BUONANOTTE, SEÑOR. BUONANOTTE, SEÑORITA.

NON HAI GRADITO LA TELEFONATA?

— VI VA DI ACCOMPAGNARMI IN UN BREVE VIAGGIO? ANDIAMO A TROVARE EMILIANO. È ANDATO AD ASSISTERE SUO ZIO...

— ...UN GRANDE STREGONE MOLTO MALATO. IL VILLAGGIO È NEL CUORE DELLA GIUNGLA NANA PRESSO LE ROVINE DEL TEMPIO DEL DIO DISCENDENTE. È MOLTO LONTANO...

— MA SE SAPREMO ESSERE LEGGERI COME QUESTI AQUILONI, POTREMO RAGGIUNGERLO PRIMA DELL'ALBA...

— È FACILISSIMO, MA FORSE ANCHE MOLTO PERICOLOSO. SI TRATTA DI IDENTIFICARE IL PROPRIO CORPO ETERICO O ASTRALE CON L'AQUILONE E DI IMMAGINARE CHE IL FILO CHE TRATTIENE L'AQUILONE SIA IL FILO D'ARGENTO CHE LEGA L'ASTRALE AL CORPO FISICO.

GUAI SE SI SPEZZA, PERCHÉ L'ASTRALE NON AVREBBE PIÙ LA POSSIBILITÀ DI TORNARE NEL FISICO...

MA PER OTTENERE TUTTO QUESTO È NECESSARIO CHE L'ENERGIA ABBANDONI IL CORPO E ASTRALMENTE POSSA VOLARE TRATTENUTA SEMPRE AL FISICO DAL FILO D'ARGENTO.

HELEN, MATERICA E ANCORANTE, COME TUTTE LE DONNE, TERRÀ I FILI D'ARGENTO E IN CASO DI PERICOLO...

GUARDA, SI STANNO TRASFORMANDO IN AQUILONI...

COME INVIDIAVO DA RAGAZZINO FLASH GORDON E MANDRAKE... ADESSO MI TROVO DAVVERO A VOLARE COME LORO.

A VOLER ESSERE PIGNOLI LA TEMERARIA SIGNORA E' UN PO' IN RITARDO, SEÑOR SNÁPORAZ ATENCION

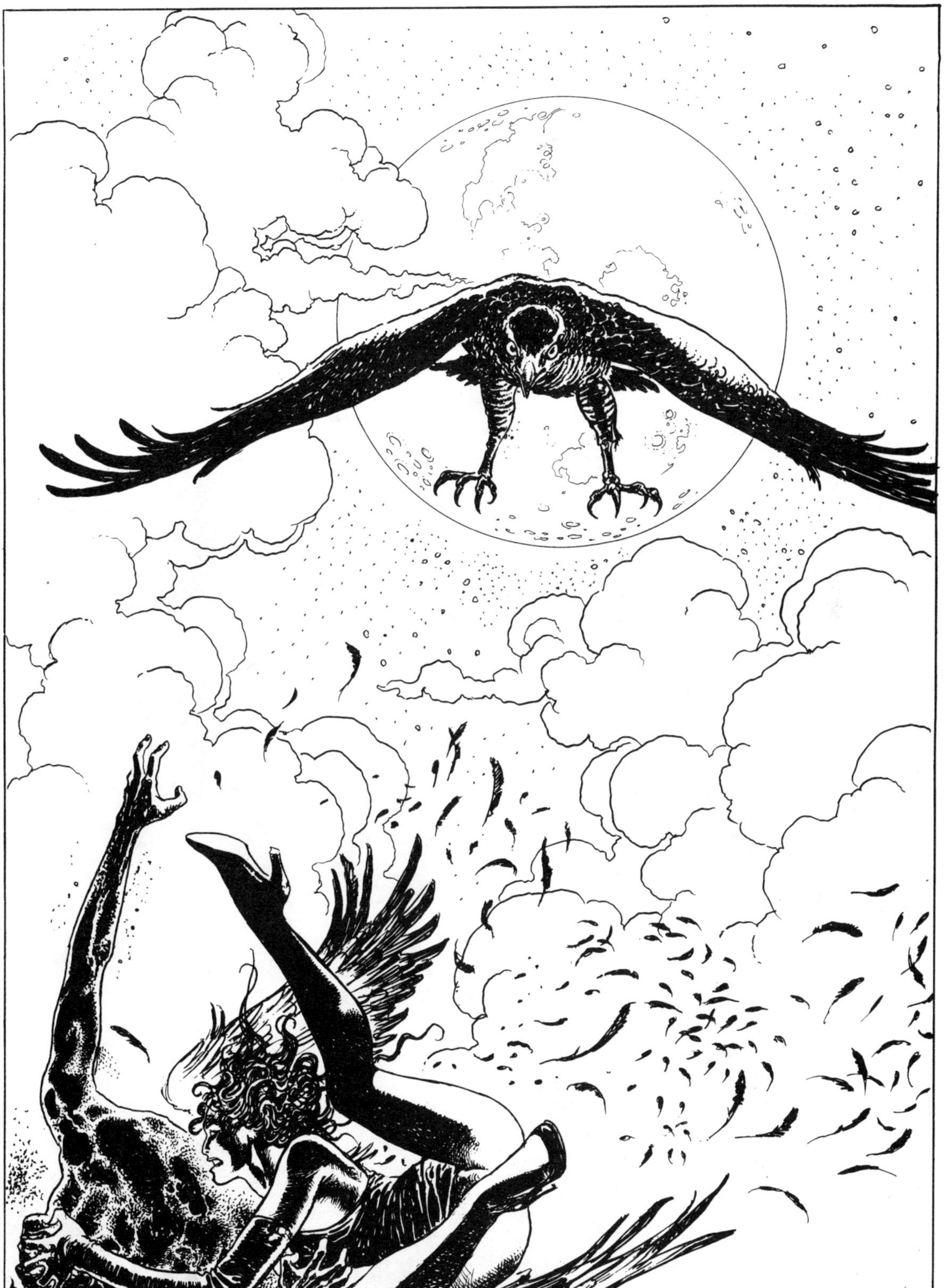

QUANTI SECOLI SONO CHE COMBATTIAMO COSÌ, VECCHIA STREGONA?		SEMPRE PIÙ GIOVANE DI TE, PERÒ DECREPITA MUMMIA!

E SE SI ANNIENTANO TUTTI E DUE, CHI TRAMANDERÀ "IL GRANDE SEGRETO"?

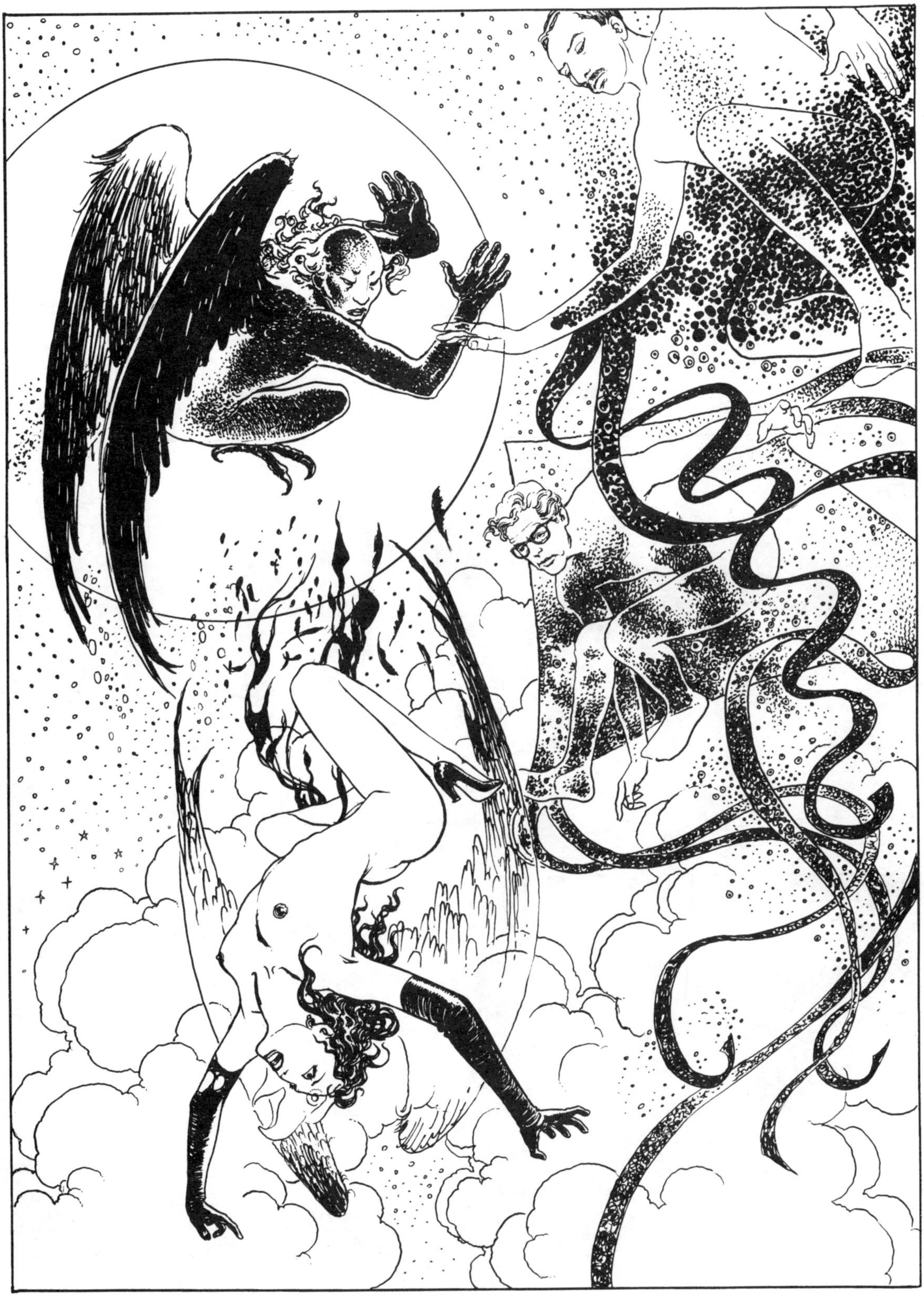

AMICI CARI, LO STREGONE RIDENTE GENNARO, IL MIO ADORATO ZIO E MAESTRO HA LASCIATO LA SUA FORMA UMANA. È MORTO SORRIDENDO. E CREDO CHE CONTINUI A FARLO QUI VICINO A NOI.
FORSE LE VIBRAZIONI DELLA SUA ENERGIA VITALE SI STANNO MATERIALIZZANDO PRENDENDO LA FORMA E IL SUONO DI QUESTE NOTE. NON SENTITE COME SONO SCHERZOSE?
ANCHE QUEL COYOTE MI SEMBRA CHE CI GUARDI CON IRONIA, POTREBBE ESSERE LUI IL NUOVO GENNARO. O FORSE CHISSÀ ASSOMIGLIA DI PIÙ A QUELL'IMMENSA SEQUOIA. ASCOLTATE, NON È SOLO UN FRUSCIO DI FOGLIE, MA UNA RISATINA...

"FORSE GENNARO, SI DIVERTE A GUARDARCI DA UNO DI QUEI CIRRI OPPURE FORSE HA PREFERITO RIPOSARE CHISSA' PER QUANTI SECOLI NELL'IMMOBILITA' DI QUELL'IMMENSO RELITTO LUNARE..."

"QUESTO PULVISCOLO D'ACQUA CHE ACCAREZZA LA MIA FRONTE MI SUSSURRA QUALCOSA..."

"ZIO! TI ABBIAMO TROVATO!"

"EMILIANO CONTROLLATI. AMICI, LO STREGONE GENNARO HA ASSUNTO LA FORMA DI QUELLA CASCATA DAVANTI A NOI. AVVICINIAMOCI, DEVE DARE UN MESSAGGIO ALLO STRANIERO. SEÑOR SNAPORAZ, ASCOLTATE..."

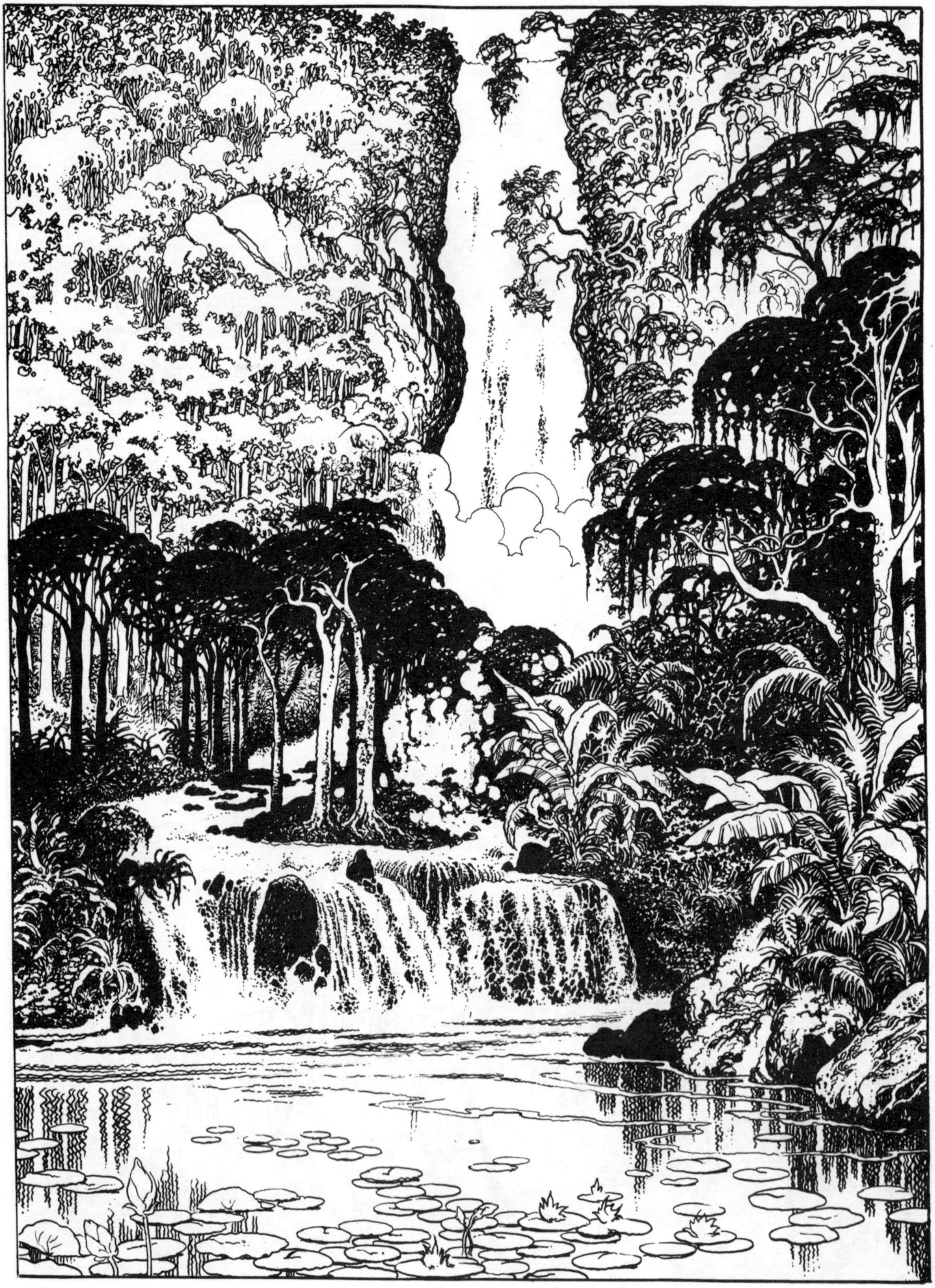

LO STREGONE GENNARO, NELLA SUA LIQUIDA E RISONANTE FORMA CHE SCINTILLA SOTTO I RAGGI DELLA LUNA, STA RACCONTANDO ALLO STRANIERO I SEGRETI DELLA CONOSCENZA DEGLI ANTICHI VEGGENTI: I TOLTECHI.

NON ERANO UNA RAZZA, NON ERANO UN POPOLO, MA DEGLI UOMINI CHE ERANO RIUSCITI A FAR EMERGERE LA PARTE DIVINA CHE VIVE IN NOI. CONOSCEVANO LA LEGGE NATURALE PER MUTARE LE VIBRAZIONI DELL'ENERGIA COSMICA...

...ARRESTANDOLE AGLI INFINITI COAGULI CHE DIFFERENZIANO LE MATERIE CHE CI CIRCONDANO NELL'UNIVERSO E CHE CHIAMIAMO VITA. POTEVANO INTENDERE E COMUNICARE CON LE PIETRE, LE PIANTE E TUTTI GLI ANIMALI DELLA TERRA, DEL CIELO E DEI MARI.

QUANDO GLI ESERCITI DEGLI INVASORI SI IMPADRONIRONO DEI LORO TERRITORI...

...UCCIDENDO E SACCHEGGIANDO, ALCUNI DI QUESTI VEGGENTI, PER SALVARE LA LORO CONOSCENZA, DECISERO DI IRRADIARSI NEL MONDO...

COME TANTE PICCOLE CENTRALI DI POTERE SPIRITUALE E TRAMANDARE ALL'UMANITÀ, IGNORANTE E INFELICE, IL SENTIMENTO DI UNA LIBERTÀ SENZA FINE.

MA FORSE IL TEMPO NON È ANCORA ARRIVATO E I "NUOVI VEGGENTI", DEPOSITARI DELL'ANTICA CONOSCENZA, VIVONO IGNORATI O SCONOSCIUTI TRA DI NOI.

CHIUNQUE POTREBBE AVERE LA FORTUNA DI INCONTRARE QUALCUNO, MA IL MONDO È TROPPO VECCHIO PER SAPER RICONOSCERE IL NUOVO NELL'ANTICO.

HELEN!

HELEN!

VOGLIO DIRE ANCH'IO UNA COSA IMPORTANTE. "LA DONNA E' IL CREATORE DELL'UNIVERSO. NON C'E' FELICITA' COME QUELLA CHE DA' LA DONNA" DAL TANTRISMO, NON SO SE MI SONO SPIEGATO...

DOVE SIETE STATI, MA COSA E' SUCCESSO?

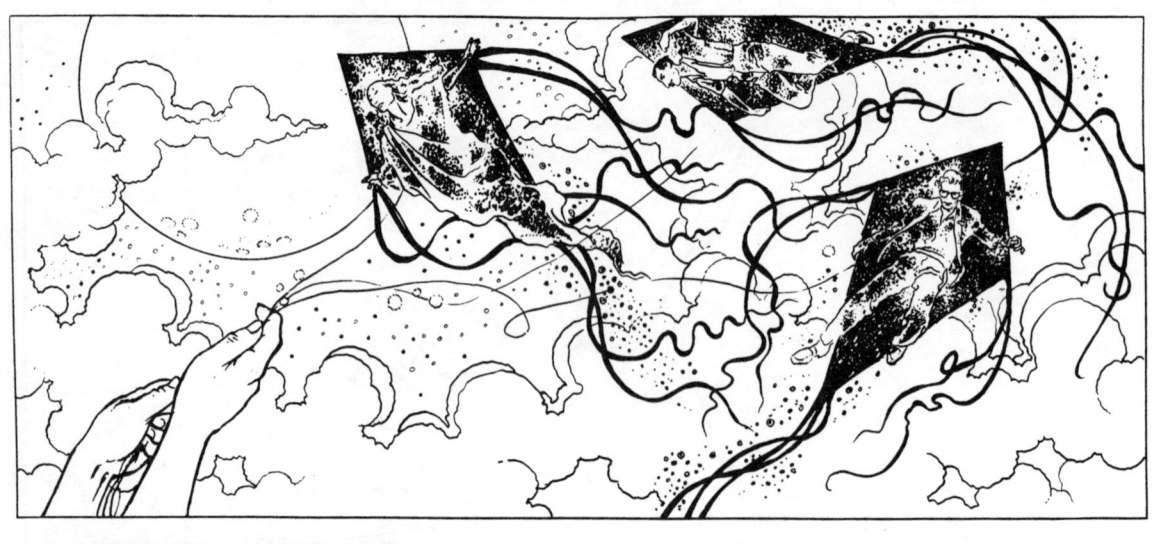

E CHI PUO' DIRLO?

MA SE TUTTO QUESTO E' ACCADUTO, QUALCUNO FORSE POTREBBE RACCONTARLO E QUALCUN ALTRO VORRA' ASCOLTARE...

E COME VA A FINIRE QUESTA STORIA, SIGNOR FELLINI?

FINIRE? QUANDO COMINCIA PIUTTOSTO E COMINCIA ADESSO, COSI'...

76

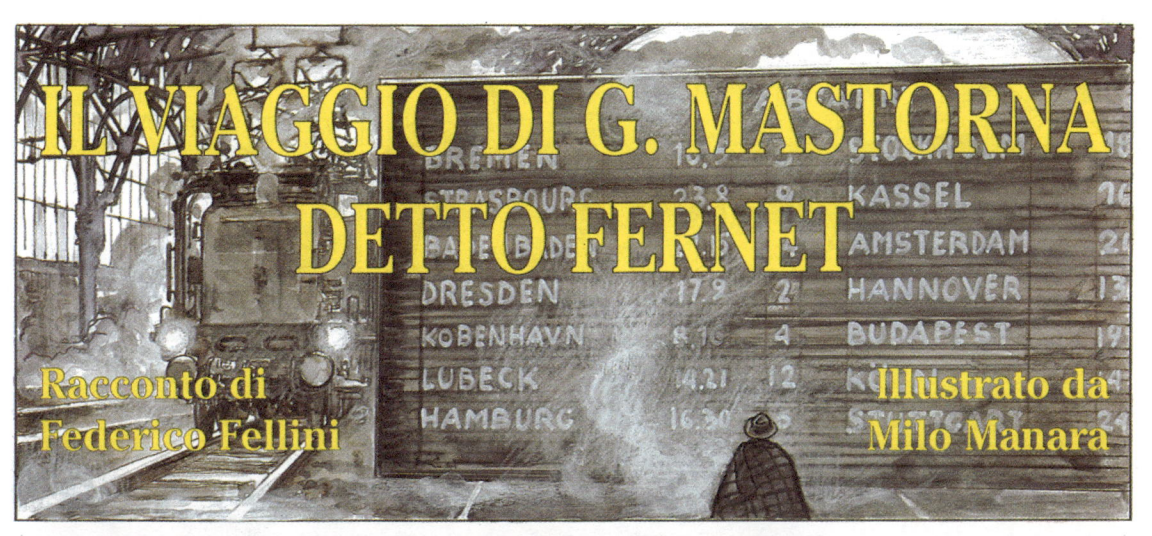

IL VIAGGIO DI G. MASTORNA DETTO FERNET

Racconto di Federico Fellini

Illustrato da Milo Manara

IO DOVREI ESSERE L'EROE DI QUESTA STORIA. MI CHIEDO, COM'È LA FACCIA DI UN EROE?

EDGAR ALLAN POE. QUELLA SÌ È UNA FACCIA... TI STREGA SOLO A GUARDARLA.

E JOHN BARRYMORE LO RICORDATE... LUI POTEVA ESSERE IL PROTAGONISTA IDEALE.

OPPURE TOH, CON DUE BAFFETTI ANCHE IL VECCHIO MASTROIANNI NON ERA MEGLIO DI ME?

INVECE AMICI CARI HO UNA FACCIA COSÌ E ME LA TENGO... RAFFREDDORE COMPRESO.

ETCI... SCUSATE...

MA HA SEMPRE NEVICATO. A OSLO SI E' SFONDATO PERFINO IL TENDONE... COMUNQUE QUESTA FACCIA HA GIRATO TUTTO IL MONDO...

E PIÙ DI UNA BELLA SIGNORA LA CONSERVA IN FOTOGRAFIA IN QUALCHE CASSETTO...

STO TORNANDO A CASA DOPO UNA LUNGA TOURNÉE E BEATO IN AEREO MI STO GODENDO UN FILM CON...

79

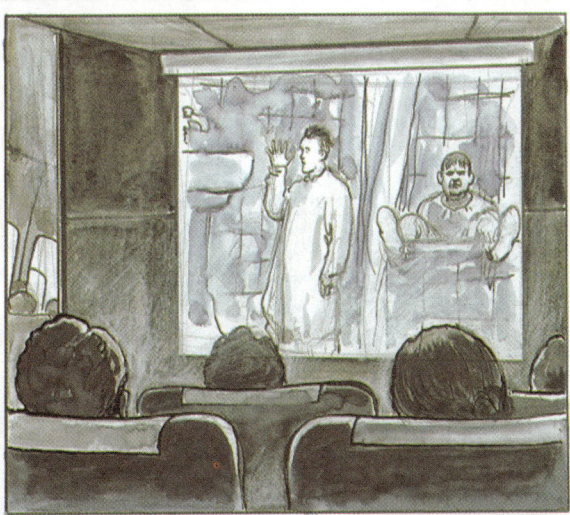

SIAMO COSTRETTI AD UN ATTERRAGGIO DI EVENIENZA. IL COMANDANTE SI SCUSA.

DI EVENIENZA?

COSÌ HA DETTO... MA CHE SIGNIFICA?

SU QUESTA LINEA PUÒ ACCADERE. MANTENIAMOCI CALMI. IL COMANDANTE HA DIRITTO A TUTTA LA NOSTRA FIDUCIA.

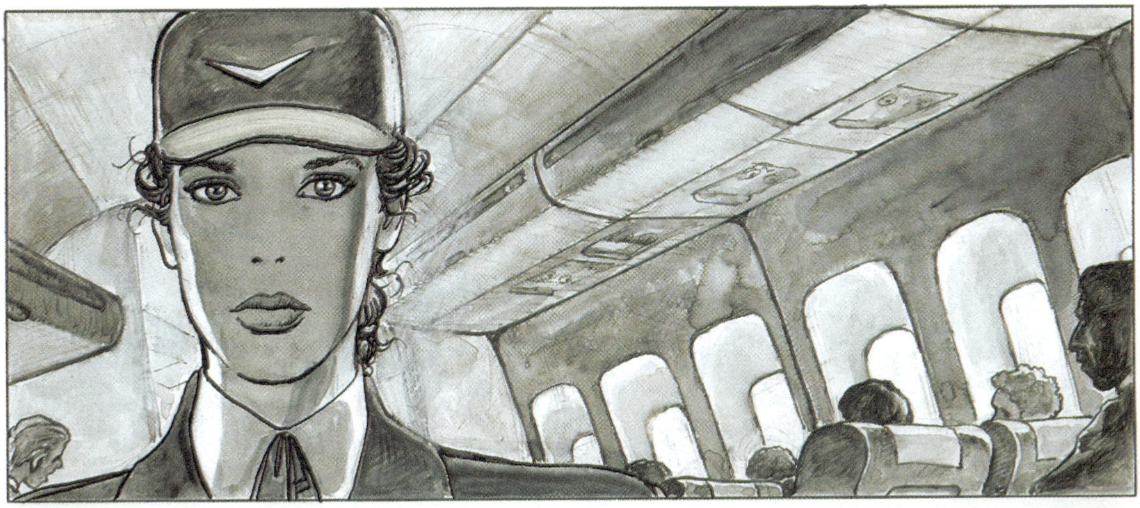

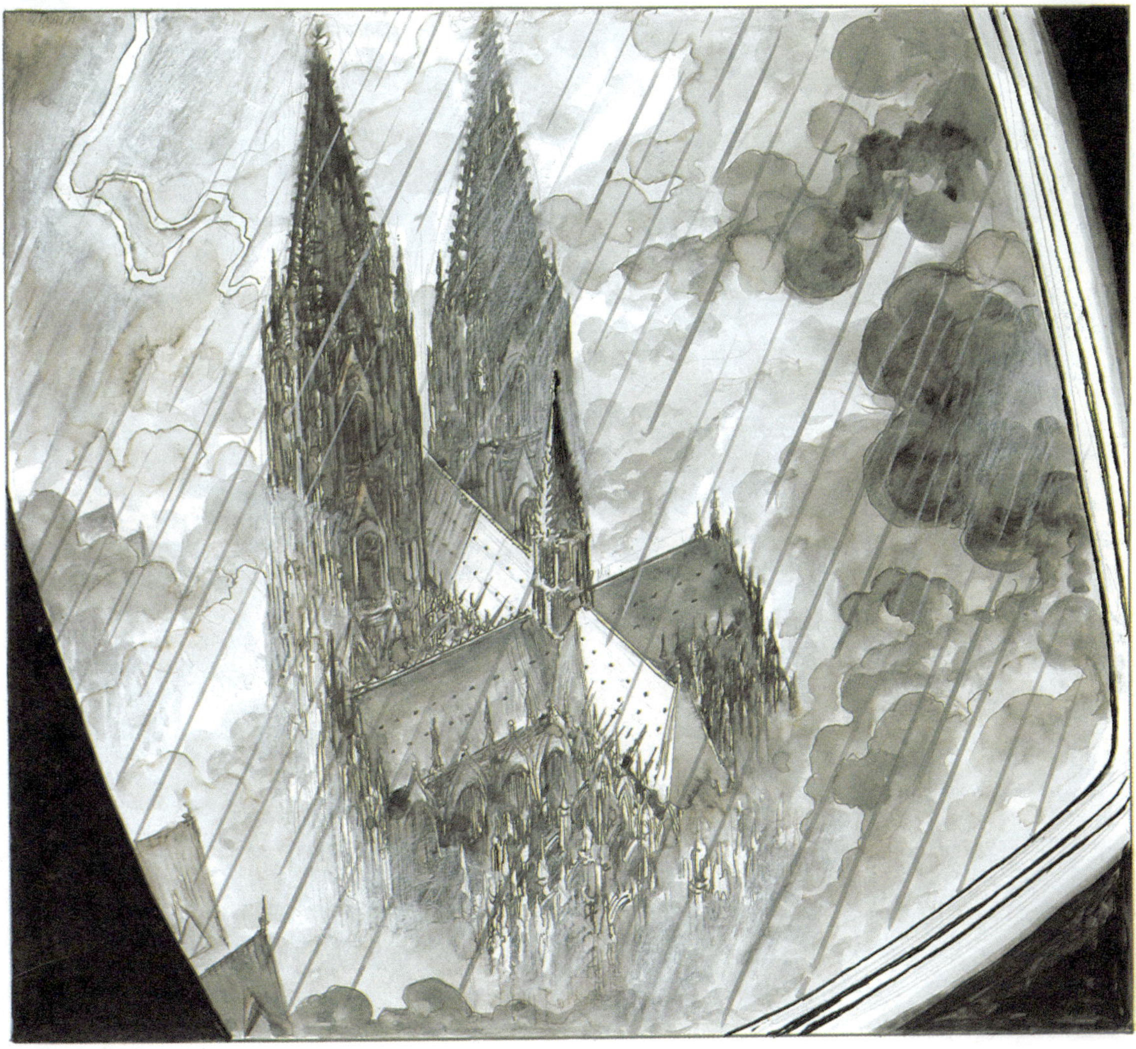

MA L'AEREOPORTO?
NON RIESCO A
VEDERLO...

Panel 1: TUTTO PERFETTO! FORSE LASCIARE L'AEREO SARA' UN PO' SCOMODO PERCHE' SIAMO ATTERRATI IN UNA BELLISSIMA PIAZZA... ACCOMODATEVI VERSO LE USCITE DI SICUREZZA...

Panel 4:
— MA I NOSTRI BAGAGLI?
— NESSUNA PREOCCUPAZIONE, LI STANNO GIA' CARICANDO SUL PULLMAN...

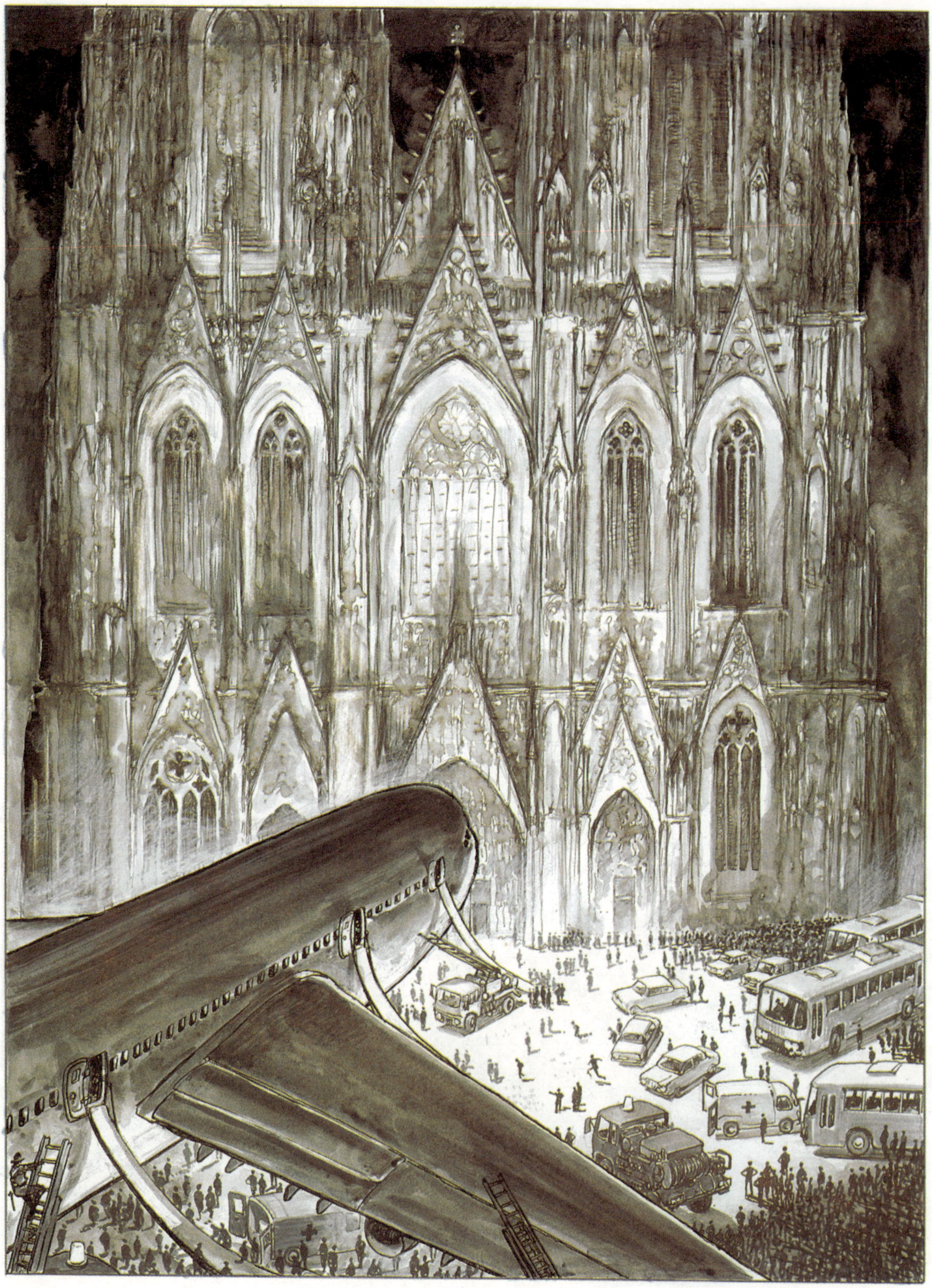

DOTTOR KRAUS PRONTI LÀ SOTTO!

CORAGGIO IMMAGINI DI ESSERE AL LUNA PARK...

BRAVO! BENE!

EVVIVA IL COMANDANTE!

BRAVI TUTTI!

MA GUARDATE QUEL TIPO: PENSA CHE GLI APPLAUSI SIANO PER LUI!

E PERCHÉ NO. GLI APPLAUSI FANNO PARTE DELLA MIA VITA. SONO UNO CHE LAVORA ANCHE PER QUESTA SODDISFAZIONE. SONO... PRO... SCUSATE, MI SENTO UN PO' CONFUSO...

E' PIU' CHE NORMALE... SALIAMO SUL PULLMAN.

PREFERISCE LA SLITTA?

PREGO...

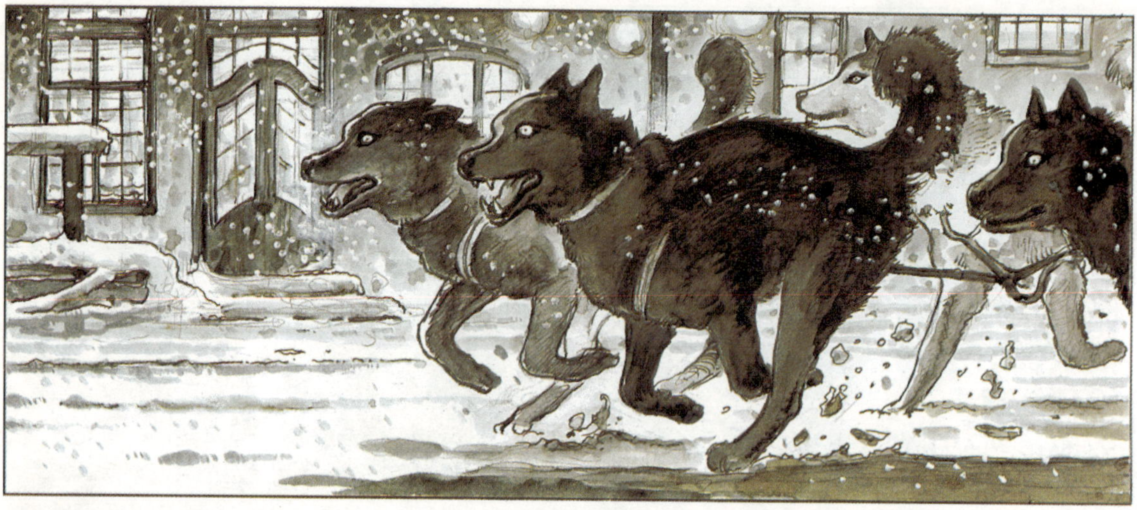

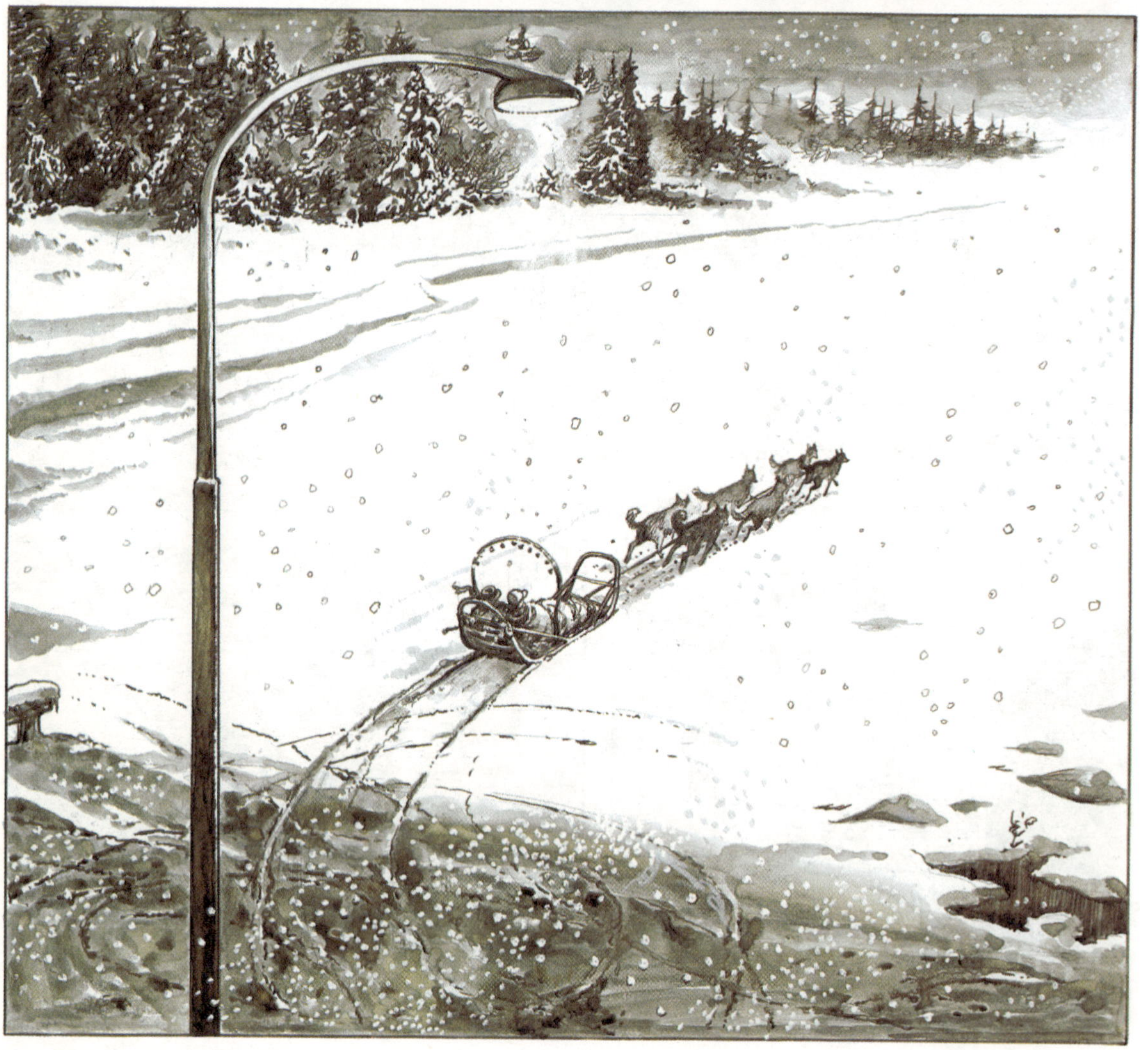

— PERMETTE... SI RIPARI QUI SOTTO.

— VOLENTIERI, HO FREDDO... POSSO DIRLE CHE LEI ASSOMIGLIA MOLTISSIMO A...

— ME LO DICONO TUTTI... AD UN CERTO PUNTO DELLA VITA ASSOMIGLIAMO SEMPRE A QUALCUNO...

— BUON RIPOSO, DOMANI POTRÀ RIPARTIRE...

UN'ACCOGLIENZA A LUME DI CANDELA, SIGNOR MASTORNA. IL TEMPORALE HA FATTO SALTARE LA LUCE...	SI ACCOMODI. IL BAGAGLIO È GIÀ IN CAMERA SUA.. 51... È ANCHE LA SUA ETÀ, SE NON ERRO...PREGO.

DIRETTORE, SE PERMETTE, MI OCCUPO IO DI QUESTO VECCHIO UBRIACONE. LO CONOSCO DA TRENT'ANNI...

CI SI RITROVA SEMPRE E NON CAMBIA MAI NIENTE, EH.
NON VOLEVANO PIU' LASCIARMI ANDAR VIA, A DUBLINO... MA I TRAXLER HANNO APERTO UN NUOVO TEATRO... ED IO HO FIRMATO CON LORO
IO INVECE HO SMESSO CON I CONIGLI E LE BANDIERE CHE FACEVO USCIRE DAL NASO.
NON C'E' STATO PIU' NESSUNO COME TE... PECCATO CHE CI SIAMO SEPARATI.
HAI CENATO? VUOI UN GRAPPINO? SIEDITI, E' QUI IL POSTO MIGLIORE.
PECCATO. NIKY CON QUESTO BUIO NON POTRA' FARE IL SUO NUMERO...
NON IMPORTA CHE NON CI SIA LA LUCE, FACCIO LO STESSO IL MIO NUMERO SONO PRONTA!

TI STRAPPA LE LACRIME. ANCHE DALLE CUCINE VENGONO A VEDERLA... FA PIANGERE TUTTI!

POVERINA...

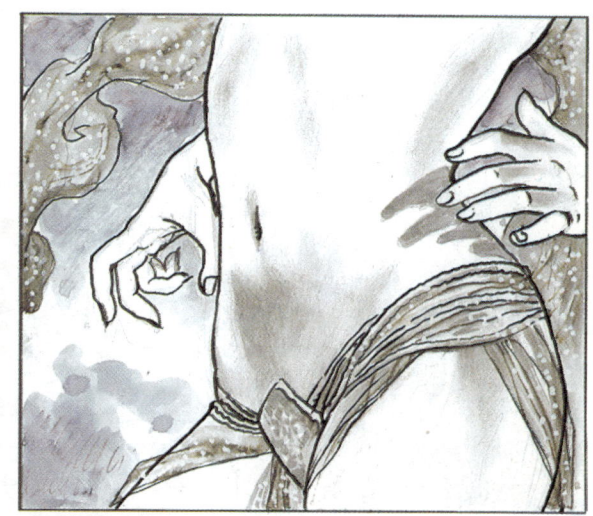

ECCO...
SI AVVICINA IL MOMENTO.
MI SCOPPIA
IL CUORE...

94

GRAZIE, ETHER. GRAZIE DA NOI TUTTI!
HA MAI VISTO UN NUMERO COSÌ... È MIRACOLOSO.
EVVIVA NITY!
ALLA VITA...
SEMPRE PIÙ BRAVA!

— E SE CERCASSI DI DIMENTICARE TUTTA QUESTA STRANA STORIA E ANDASSI A DORMIRE?

— LA CHIAMIAMO NOI UN'ORA PRIMA DELLA PARTENZA. BUONA NOTTE.

97

E SE PROVASSIMO PER MEZZ'ORETTA PRIMA DI DORMIRE?
LA SEDIA LA METTIAMO QUI. SPERIAMO CHE REGGA...
PRONTO VECCHIO MIO? VAI!
HOP!

* Disastro aereo: truppe dell'esercito cercano di raggiungere il relitto tra le montagne...

END

STORYBOARD

Quelli che vi proponiamo sono gli storyboard realizzati da Fellini prima e da Manara poi, per cominciare a dare forma alle immagini del Viaggio di Mastorna. *Sono storyboard che testimoniano la precisione di Fellini nel realizzare, inquadratura dopo inquadratura, vignetta dopo vignetta, questo fumetto e, nello stesso tempo, la bravura di Manara nel tradurre al meglio le indicazioni del Maestro, cominciando a sperimentare le suggestioni che avrebbe offerto la tecnica dell'acquatinta.*

Lo storyboard di Federico Fellini

INIZIO

Io sarei il protagonista di questa storia. Che faccia dovrebbe avere un protagonista? Mi sarebbe tanto piaciuto avere una faccia come quella di Edgar Allan Poe, affascinante misteriosa che ti strega solo a guardarla. E tra gli attori? John Barrymore, lo ricordate? Ecco quella è una faccia da protagonista. Anche quella di Mastroianni mi sarebbe andata bene, mogano con dei baffetti, i capelli un pò lunghi da artista. Invece io ho una faccia così e me la tengo; anche se pensate che un protagonista dovrebbe avere una faccia più importante, più carismatica, più emblematica. Però posso esprimere forse esagerando un pò quasi tutti i sentimenti: guardate: sbigottito, la paura, arrabbiato, stupito, languido... strabico... Comunque anche con questa faccia non da protagonista mi è capitata ugualmente un'avventura a dir poco eccezionale. Andiamo per ordine, nell'aereo che mi riportava a casa dopo un lungo giro nelle capitali e nei paesi del nord, mi stavo godendo un film con Stanlio e Ollio, meravigliosi pagliacci, quanto bene hanno fatto all'umanità, che gioia poterli vedere e rivedere e sapere che ci sarann per sempre.

La prima interpretazione di Milo Manara

IL VIAGGIO DI G. MASTORNA

RACCONTO DI FEDERICO FELLINI

ILLUSTRATO DA MILO MANARA

Fellini

Manara

Fellini

Manara

Fellini

Manara

SIAMO COSTRETTI AD UN ATTERRAGGIO DI EVENIENZA

COS'HA DETTO, DI EVENIENZA?

...

SU QUESTA LINEA CAPITA SPESSO, MA SIAMO FORTUNATI PERCHÉ IL PILOTA È IL PIÙ VECCHIO DELLA COMPAGNIA.

Manara

MA DOVE STA ATTERRANDO?

Fellini

112

UN BELL'APPLAUSO AL PILOTA CHE VI HA CONDOTTO IN SALVO. SIAMO ATTERRATI. VI PREGHIAMO DI SCENDERE ATTRAVERSO GLI SPORTELLI DI EMERGENZA.
MA I NOSTRI BAGAGLI?
NON PREOCCUPATEVI. RITROVERETE I VOSTRI BAGAGLI SUL PULMANN.
SIAMO ATTERRATI IN UNA PIAZZA!
7

Fellini

Manara

Fellini

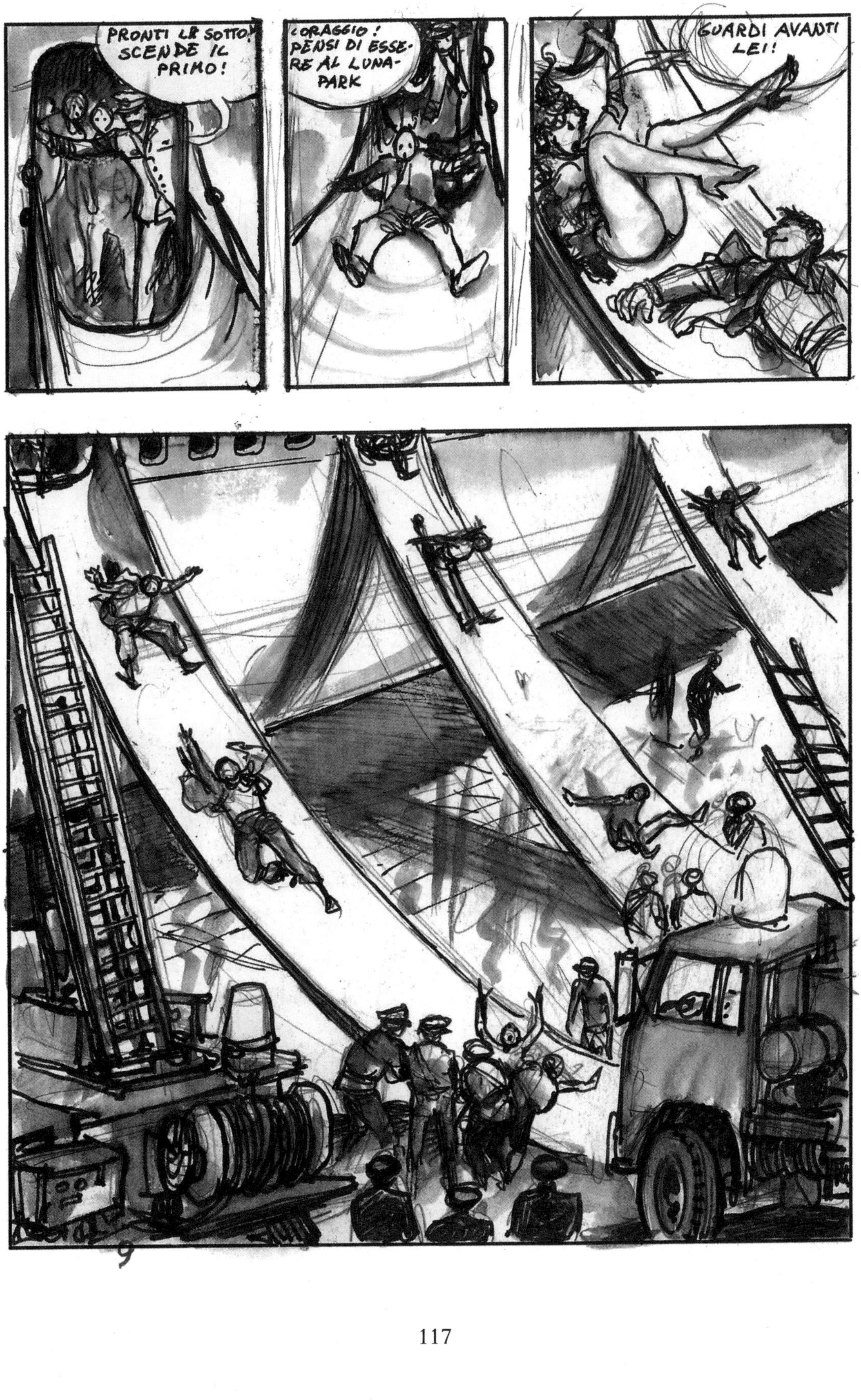
PRONTI LÀ SOTTO! SCENDE IL PRIMO!
CORAGGIO! PENSI DI ESSE-RE AL LUNA-PARK
GUARDI AVANTI LEI!
9

Fellini

BRAVO! BENE!

EVVIVA!

CORAGGIOSO!

MA GUARDATE QUEL TIPO: PENSA CHE GLI APPLAUSI SIANO PER LUI!

Fellini

BEH DOPO TUTTO GLI APPLAUSI FANNO PARTE DELLA MIA VITA. SONO UNO CHE LAVORA ANCHE PER QUESTA SODDISFAZIONE. SONO... GIÀ MA ORA NON SAPREI NEMMENO DIRLO CHIARA-MENTE CHI SONO... MI SENTO UN PO' CONFUSO...
È PIÙ CHE NORMALE... SALIAMO SOL PULMAN
O PREFERISCE LA SLITTA?
PREGO

Fellini

*Totale slitta
in piena campagna
sotto la neve.*

Manara

Fellini

PERMETTE?
NE APPROFIT-TO, GRAZIE. LEI ASSOMIGLIA MOLTISSIMO A...
LASCIAMO STARE LE SOMIGLIANZE. AD UN CERTO MOMENTO DELLA VITA TUTTI ASSOMIGLIAMO A QUALCUNO ...
ECCOCI ARRIVATI.
13

Fellini

È SALTATA LA LUCE. LASSÙ TRA LE MONTAGNE IL TEMPORALE DEVE AVER DANNEGGIATO QUALCUNA DELLE...

BEN ARRIVATO. SI ACCOMODI. IL BAGAGLIO È GIÀ SISTEMATO IN CAMERA SUA. 51. CHE È ANCHE LA SUA ETÀ, VERO? PREGO.

Fellini

P.13

Manara

Fellini

Manara

Fellini

Totale della pista. Tutti in piedi

← in piedi

povarina

...ecco si avvicina il momento! Mi scoppia il cuore.

P. 17

Manara

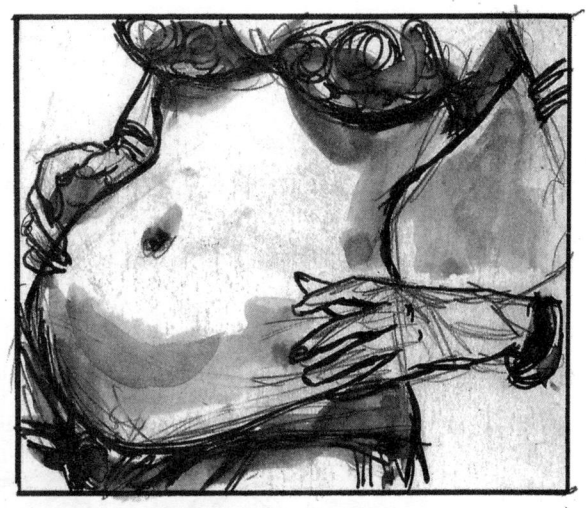

Fellini

Manara

UN MEDICO, PRESTO!

Fellini

136

Manara

Fellini

Manara

Fellini

21

Fellini

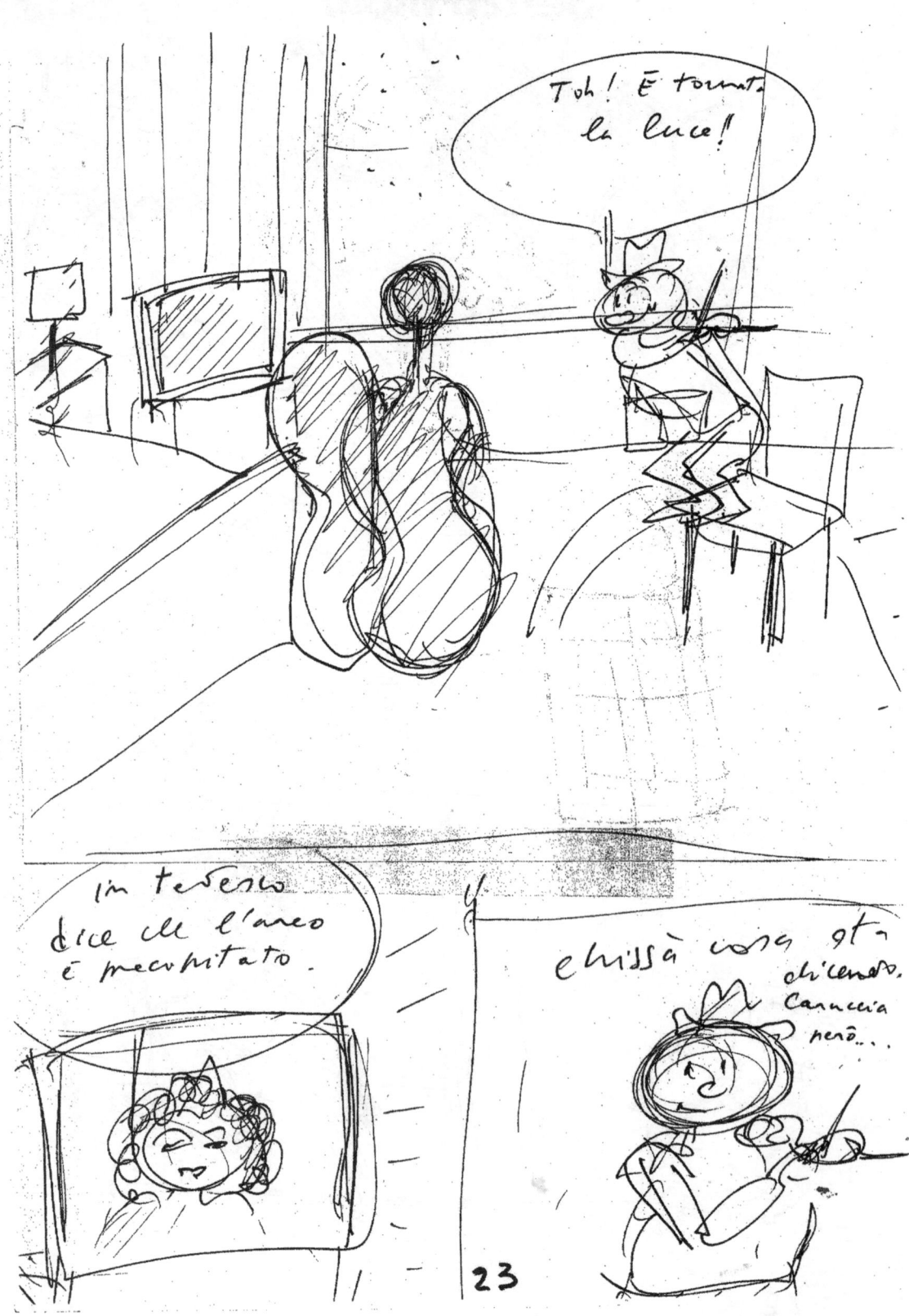

Senza titolo

SENZA TITOLO

TORNA SULLA SPIAGGIA! TORNA SULLA SPIAGGIA!

MA CHE LE PARLI A FARE DALLA RIVA? LEI NON TI UDIRÀ MAI!!! E POI, IL SUO POSTO È ANCORA LÌ...

NON TI CAPISCODO!... TORNA SULLA SPIAGGIA!!!

AH! FINALMENTE TI TROVO! VIENI, PRESTO, TI ASPETTANO!

FORZA! SALI SULLA BARCA! DOBBIAMO FARE PRESTO, STA PER ARRIVARE IL SIGNORE!

MA QUALE SIGNORE? DOVE MI PORTI?

LO SAI BENISSIMO DOVE TI PORTO!...

TIENTI FORTE! QUESTO È IL MOMENTO CRITICO!

CE L'ABBIAMO FATTA! IH! IH!
TORNA INDIETRO! NON È QUI CHE DOBBIAMO FERMARCI!
AH! FINALMENTE UNA FACCIA NUOVA! ORA POTREMO FARE UN'ALTRA PROVA! UN'ALTRA PROVA DOPO TANTO TEMPO!
MI RATTRISTA MOLTO CHE VOI, MADAME, UNA ANFITRIONA COSÌ RAFFINATA, PONIATE IN PERICOLO L'ONORE DI UNO DEI VOSTRI OSPITI OBBLIGANDOLO A COMPETERE CON IL PRIMO VENUTO...
SIGNORA, IO NON SO... NON CAPISCO...
SE VOI MI DICESTE CON CHI HO L'ONORE...
IL CONCORSO! IL CONCORSO!
MADAME... IL VOSTRO MODO DI ARGOMENTARE, DI ESPORRE... BÈ, SONO SICURO CHE LA VITTORIA PUÒ ESSERE SOLO MIA...
FORZA E CORAGGIO! E' ORA DI RIPRENDERE IL LAVORO!
AMORE! AMORE!

SÙ, CORRI! E' TARDI!
QUEL SIGNORE SARÀ GIÀ ARRIVATO ALL'AEROPORTO...
SIAMO QUASI ARRIVATI! NON TI STUPIRE DI NULLA... NON FARE CASO A CIÒ CHE VEDI...
SVELTO! DOBBIAMO ARRIVARE ALL'AEROPORTO...
E QUESTA COS'È? UNA TOMBA?
NON LO SO... NON SO... VIENI, CORRI!
TI HO DETTO DI CORRERE! SIAMO IN RITARDO!

CORRI! CORRI! NON TI VOLTARE!

— BENE. QUI SEI TU QUELLO CHE COMANDA. SPETTA A TE CONCEDERE IL PERMESSO DI INGRESSO AI VIAGGIATORI.
— SÌ, LO SO!

MI SIEDO E L'ASPETTO... SO CHE VERRÀ, SILENZIOSO E SOLENNE...

NON DEVO ALZARE LO SGUARDO... LO RICONOSCO DAL PUZZO DEGLI INDUMENTI BAGNATI. UN PUZZO DI FOGLIE MARCE, DI SPORCIZIA...

E ORA CHE FACCIO? CHE GLI DICO! ADESSO IO... IO... ADESSO...

MI SVEGLIO!!! MI SVEGLIO NEL MIO LETTO, A CASA MIA! ERA SOLO UN SOGNO! NIENT'ALTRO CHE UN SOGNO! E TUTTO È FINITO!

AH! AH! ERA SOLO UN SOGNO! FUORI C'È IL SOLE, IL MARE... TUTTO È FINITO! AH! AH!

DEVO ANDARE SUBITO A DIRGLIELO! ANCHE LEI SI FARÀ QUATTRO RISATE!

TORNA SULLA SPIAGGIA! DEVO RACCONTARTI UN SOGNO!... TORNA SULLA SPIAGGIA!!

CHE FAI PARLANDOLE DALLA RIVA? LEI NON TI UDIRÀ MAI!! E POI, IL SUO POSTO È ANCORA LÌ!

SENZA FINE

Reclame

RECLAME

Milo Manara

L CASANOVA DI F. FELL

"GLI OCCHI DI CH'IO PARLAI SÌ CALDAMENTE, E LE BRACCIA E LE MANI E IL DELICATO COLLO E IL DOLCE VISO, CHE M'AVEAN SÌ DA ME STESSO DIVISO E FATTO SINGOLAR DALL'ALTRA GENTE..."

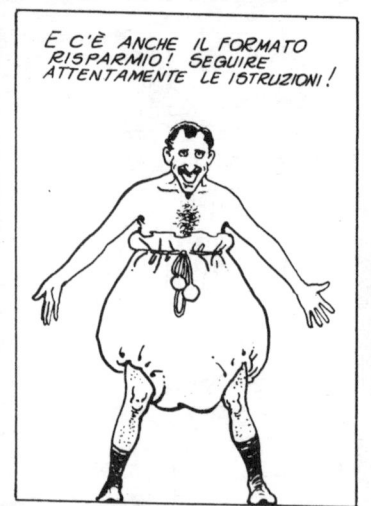

"...IO SPERO CHE VOGLIATE SCUSARMI, SIGNORA, PER QUESTE MIE LIBERTÀ... ...MA DESIDERO TANTO VEDERE COME SIETE AL NATURALE..."

ME LA SONO FATTA ADDOSSO, MA PER FORTUNA INDOSSO "PANNOLON"!

"..!"

E C'È ANCHE IL FORMATO RISPARMIO! SEGUIRE ATTENTAMENTE LE ISTRUZIONI!

IO DEVO PROTESTARE PER L'UMILIAZIONE CHE QUESTE CONTINUE INTERRUZIONI... QUESTE FRAMMENTAZIONI INSISTENTI... LA LORO SNERVANTE ITERAZIONE...

D'ALTRONDE, IL RISPETTO DOVUTO ALLE ALTRUI OPINIONI... MI IMPONE DI... FARE AFFIDAMENTO SULLA CULTURA E LA SENSIBILITÀ DI CHI SI ACCANISCE CONTRO DI ME... NON MI RESTA, DUNQUE, CHE PROSEGUIRE...

...SPERO CHE VOGLIATE SCUSARMI, SIGNORA, PER QUESTE MIE LIBERTÀ... MA DESIDERO TANTO VEDER...

PANNOLONE **PANNOLON!**

PAN...

PAN...

PANNOLON!

PERMETTETE...

PERMETTETE, SIGNORA CHE IO VI ESPONGA... VI ARGOMENTI I MOTIVI DELLA MIA AMAREZZA DIFRONTE A TALI INDIZI DI IMBARBARIMENTO... DI REGRESSO CULTURALE!

E QUESTO CHI E?

DA DOVE ESCE?

VI PREGO QUINDI DI RINUNCIARE AD INTERROMPERE COSÌ OSTINATAMENTE LE MIE MODESTISSIME VICENDE... PER QUANTO POSSA ONORARMI CHE VOGLIATE PRENDERVI PARTE...
E VATTENE! SMAMMA!
SIGNORE!... I VOSTRI MODI... LE VOSTRE MANIERE... SE MI SI DICESSE ALMENO CON CHI HO L'ONORE...
MA TE NE VOI ANNÀ? E VATTENE!
LASCIATELO! NON HA TUTTI I TORTI, IN FONDO...
MA VÀ! VA'!
E TU, NON FARE LA STRONZA!
OH! MIO CARO GIACOMO, BENVENUTO A ROMA!

PANNOLON!
MAI UOMO RIPOSE PEGGIO LA PROPRIA FIDUCIA!
INSOMMA, QUEL SIGNORE HA RAGIONE! NON POSSIAMO ROVINARGLI L'ESISTENZA IN QUESTO MODO! PERCHÉ NON ATTACCARE DEGLI ADESIVI ANCHE SULLA GIOCONDA, ALLORA, GIÀ CHE CI SIAMO... ESISTERÀ PURE QUALCOSA DA RISPETTARE!
TI AVEVO DETTO DI NON FARE LA STRONZA...
MAI IN TUTTA LA MIA VITA, HO ASSISTITO A UN AFFRONTO COME QUESTO. IO NON SOPPORTERÒ OLTRE CHE ESSO AVVENGA SOTTO I MIEI OCCHI! ANCHE SE TROVANDOMI IN QUESTO ENTE I DOVERI D'OSPITE NON MI PERMETTEREBBERO DI FAR RICORSO ALLA MIA SPADA. VIA, CIALTRONI! NELLE VOSTRE FOGNE!
A RIECCOLO!
PRESTO, SIGNORA, DIAMOCI ALLA FUGA! VENITE!...

IN PIÙ HA UNA COMODA CONFEZIONE!...

PANNOLON

E POI... NON SI VEDE!

È IN TRAPPOLA!

L'ABBIAMO CIRCONDATO!

NON MI AVRETE, CANAGLIE!

SCRASC!

PRONTO... PUÒ VENIRE SUBITO? È SUCCESSO QUALCOSA AL MIO TELEVISORE... NO, NON È L'EFFETTO NEVE... PEGGIO- MOLTO PEGGIO... PUZZA... CHE EFFETTO SARÀ?...

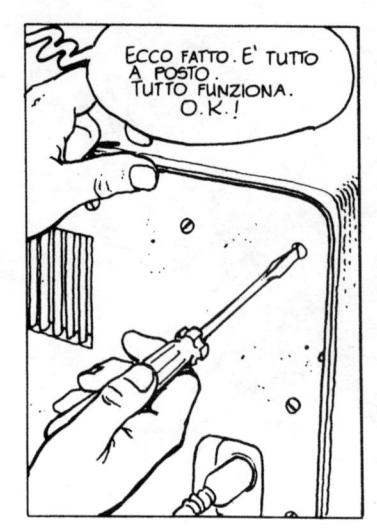

ECCO FATTO. È TUTTO A POSTO. TUTTO FUNZIONA. O.K.!	ORA PUÒ TORNARE A GUARDARSI IN PACE IL SUO FILM. ARRIVEDERCI.

IL CASANO

SE...SE AVETE... PROBLEMI... DI... INCONTINENZA... ...USATE...

...USATE... PANNOLON... PANNOLONE PANNOLON...

PA...PANNOLONE PANNOLONE... PANNOLON... PANNOLON... PANNOLON... PA... PA...

FINE

Indice

DUE VIAGGI CON FEDERICO FELLINI

- 5 «Nulla si sa, tutto s'immagina»
  di Vincenzo Mollica
- 7 Viaggio a Tulum
- 77 Il viaggio di G. Mastorna detto Fernet
- 101 Storyboard
- 143 Senza titolo
- 149 Reclame

«Due viaggi con Federico Fellini»
di Milo Manara
Bestsellers Oscar Mondadori
Arnoldo Mondadori Editore

Questo volume è stato stampato
per conto della Mondadori Printing S.p.A.
presso Milanostampa - Rocca San Casciano (Fo)
Stampato in Italia - Printed in Italy

50001
2001